Deux Conférences

sur

l'Armée Japonaise

Faites à l'Ecole Supérieure de Guerre en 1910

Par le Capitaine DUVAL

Du 101e Régiment d'Infanterie

PARIS
Henri CHARLES-LAVAUZELLE
Éditeur militaire
10, Rue Danton, Boulevard Saint-Germain, 118

MÊME MAISON A LIMOGES

Deux Conférences

SUR

L'ARMÉE JAPONAISE

Deux Conférences

sur

L'ARMÉE JAPONAISE

Faites à l'Ecole Supérieure de Guerre en 1910

Par le Capitaine DUVAL

Du 101e Régiment d'Infanterie

PARIS

HENRI CHARLES-LAVAUZELLE

Éditeur militaire

10, Rue Danton, Boulevard Saint-Germain, 118

(MÊME MAISON A LIMOGES)

Deux Conférences

SUR

L'ARMÉE JAPONAISE

Faites à l'Ecole Supérieure de Guerre en 1910

1re CONFÉRENCE.

MON GÉNÉRAL, MESSIEURS,

Je dois vous faire deux conférences sur l'armée japonaise. Le sujet est très vaste et, puisqu'il faut me limiter, il est naturel que je cherche à développer les points de vue qui vous intéressent le plus. Quels sont ces points de vue ? L'armée japonaise a été mise en relief par la guerre de Mandchourie. Les événements de cette guerre alimentent depuis cinq ans la discussion tactique, et nous prétendons, en les interprétant, en tirer pour nous-mêmes des conclusions pratiques. Or, depuis la guerre, les Japonais ont, de leur côté, refondu tous leurs règlements et accompli un effort considérable d'organisation et d'instruction. Leurs conclusions sont-elles les mêmes que les nôtres ? Voici une première question qui nous intéresse. Mais comment comprendre les conclusions japonaises, comment même interpréter légitimement les événements de cette dernière guerre, si nous ignorons l'officier, le soldat japonais ? Car un fait, surtout un fait de guerre, ne se conçoit pas indépendamment des hommes qui en sont les acteurs. Comme il n'a aucune réalité en dehors d'eux, il n'a non plus aucune valeur d'argumentation. En sorte que, non seulement pour comprendre ce que je pourrai vous dire des conceptions tactiques actuelles de l'armée japonaise, mais même pour discuter en connaissance de cause les opérations en Mandchourie, il est nécessaire d'avoir de cette armée une claire intelligence et de la pénétrer aussi profondément que possible dans son esprit. Ce sera, je crois, vous apporter un élément d'information utile que de vous en donner le moyen. Je réserve donc pour ma deuxième conférence l'étude des conclusions tactiques que les Japonais semblent avoir tirées de la guerre ; aujourd'hui, je me propose de placer devant vous l'armée japonaise en lui rendant la physionomie qui lui est propre.

Je sais qu'il est courant d'admettre que l'armée japonaise est un pastiche, une copie servile des armées européennes. On a même été jusqu'à dire que sa principale force consistait à n'avoir pas de traditions, ce qui lui permettait de tout admettre neuf. Je crois, quant à moi, qu'une armée sans traditions ne peut pas être une armée puissante, parce que ce sont les idées et les sentiments communs qui cimentent les groupes humains et que idées et sentiments ne prennent de force que dans le temps. L'armée japonaise a des traditions ; elle les fait même remonter dans le passé bien au delà de l'époque où ne vivait aucune nation européenne, et je me réserve de vous montrer tout à l'heure avec quelle force elle les met en œuvre.

Une armée, au moment où elle aborde le champ de bataille, est caractérisée surtout par sa préparation du temps de paix, et comme c'est, d'autre part, un trait remarquable de l'armée japonaise de concentrer exclusivement sa pensée et son activité sur ce problème de la préparation à la guerre, il est deux fois logique que je veuille grouper autour de lui l'examen que nous devons faire de cette armée.

La préparation à la guerre, envisagée au point de vue des troupes, comporte un double problème :

Un problème d'organisation ;

Un problème de mise en valeur des unités.

Sur le problème d'organisation, je serai bref, l'armée japonaise n'ayant de ce chef aucune originalité, ni rien que vous ne puissiez trouver dans des livres. Vous savez qu'elle compte 19 divisions dont une de la garde, que ces divisions ne sont point groupées en corps d'armée et qu'elles comprennent chacune : quatre régiments d'infanterie, six batteries d'artillerie à six pièces, un régiment de cavalerie à trois escadrons, un bataillon du génie et un escadron du train.

Limité dans son effort par des considérations budgétaires, le Japon a préféré avoir un petit nombre d'unités fortement constituées que d'en former un plus grand nombre à effectifs réduits. Le régiment d'infanterie du temps de paix est beaucoup plus étoffé que le nôtre : l'effectif de la compagnie y est de 150 à 160 hommes ; le cadre compte un capitaine et trois ou quatre lieutenants.

Le recrutement est très large. Sur un contingent annuel de 500.000 jeunes gens, 125.000 seulement sont incorporés, ce qui permet de n'avoir que des hommes extrêmement vigoureux. L'incorporation des recrues a lieu le 1er décembre, après la récolte du riz qui se fait en novembre.

Le recrutement des officiers se fait suivant un système analogue au système allemand. Ils proviennent soit des écoles de cadets, soit directement des lycées. Chaque année, à la suite d'un concours, 300 enfants de 13 ans entrent dans les écoles régionales de cadets. Au bout de trois ans, ils sont réunis à l'école centrale des cadets de Tokyo où ils restent deux ans. A 18 ans, ils sont envoyés dans les régiments pour y accomplir six mois de service en qualité de candidats officiers. Ils retrouvent là les jeunes gens issus des lycées, devenus candidats officiers à la suite d'un concours, mais astreints à une année de service au lieu de six mois comme les cadets. A la fin de cette année de service pour les uns, de ces six mois pour les autres, les candidats officiers des deux catégories entrent ensemble à l'école militaire de Tokyo, où ils séjournent dix-huit mois, puis rentrent au régiment comme élèves officiers. Après six mois dans cette nouvelle situation, ils sont soumis au vote du corps d'officiers et nommés sous-lieutenants. Les sous-lieutenants provenant des écoles de cadets ont, à ce moment, de 21 à 22 ans.

Le corps d'officiers dans les régiments est actuellement très jeune. J'eus la surprise de me trouver le vice-doyen dans mon régiment, car comme âge et comme ancienneté de grade d'officier, je venais immédiatement après le colonel. Celui-ci avait 46 ans, le lieutenant-colonel en avait 38 ; le chef de bataillon le plus âgé avait 39 ans, le capitaine le plus âgé 34 ans. C'est là, direz-vous, une situation passagère, due à la guerre récente et à la formation de nouvelles unités ? Peut-être pas. Il y a, au Japon, une tradition nationale en vertu de laquelle un homme ne doit pas trop tarder à abandonner la vie active, surtout s'il se sent tant soit peu affaibli par l'âge ; c'est ce que l'on appelle l'*inkyo*. Il n'est pas rare qu'un père de famille, faisant *inkyo*, partage ses biens entre ses enfants et laisse à ceux-ci le soin de lui assurer une vie paisible. On a même vu, dans l'histoire japonaise, des empereurs faisant *inkyo* avec une telle hâte que trois ou quatre générations de souverains légitimes se trouvaient vivre simultanément, le poids de la couronne reposant sur le plus jeune, tandis que ses ascendants s'étaient retirés dans un couvent. Or, la vie militaire est dure au Japon, comme je vous le montrerai tout à l'heure, et la déchéance physique n'y trouve guère, dans l'armée, plus d'indulgence que la déchéance morale. L'officier, fatigué ou trop âgé pour son grade, est acculé à la retraite par l'opinion même de ses camarades ; retiré, il reçoit le tiers de son traitement d'activité.

Passons à l'étude de la mise en valeur des unités.

Cette mise en valeur est caractérisée, avant tout, par un remarquable esprit de méthode. L'officier japonais a, dans la méthode, une foi sans limites. Il est convaincu qu'à son effort d'éducateur, n'importe quel but peut être proposé, à condition de concevoir, pour l'atteindre, une méthode juste. En analysant la bataille, il y voit en jeu :

Des moyens matériels : ce sont les armes et les instruments de toutes sortes ;

Des moyens intellectuels : représentés par le commandement et le savoir technique à tous les degrés ;

Des moyens physiques : représentés par la vigueur corporelle des hommes ;

Enfin, des moyens moraux.

Ces moyens, l'officier japonais les envisage tous et se propose de les développer par une préparation méthodiquement réfléchie. Mais c'est surtout le développement moral, celui qui nous semble, à nous, échapper le plus à une éducation raisonnée, qui provoque son effort le plus soutenu.

L'officier japonais est un moraliste, non pas seulement parce que, à ses yeux, les nécessités de la guerre moderne lui imposent de l'être, mais plus encore par tradition et par goût.

Pour le comprendre, il nous est nécessaire de faire, dans le passé japonais, une rapide incursion.

Dans un ouvrage intitulé *Bushido*, qui parut il y a une dizaine d'années et fit grand bruit dans les milieux où l'on s'occupe de choses japonaises, un professeur de l'Université de Tokyo, le docteur Nitobe, dit que lorsqu'il cherchait à pénétrer jusqu'aux fondements de sa vie intérieure, il aboutissait toujours aux deux mêmes bases invariables : *féodalisme* et *bushido*.

Je ne crois pas qu'on puisse ramener à moins d'étiquettes les principes directeurs de la vie morale de l'officier japonais.

Examinons brièvement ces deux termes : féodalisme, *bushido*.

La société japonaise a vécu sous le régime féodal jusqu'en 1867. Vous savez en quoi consiste le régime féodal : il a été le nôtre au moyen âge. Je me contenterai de caractériser le régime féodal japonais par trois points qui, à mon avis, l'ont profondément distingué du nôtre :

1° Il a été centralisé. Au XVIIe siècle, à la suite d'événements assez complexes sur lesquels je n'ai pas le temps de m'étendre, un puissant seigneur et un très grand homme, Ieyasu, accomplit au Japon une œuvre analogue à celle de Richelieu chez nous. Il organisa un gouvernement central, mais il maintint le système féodal, et fonda une dynastie de *shoguns*, la dynastie des Tokugawa, qui, au nom de l'empereur, a gouverné le Japon jusqu'en 1867.

Pendant deux cent cinquante ans, le Japon a joui sous ce régime d'une paix profonde, aussi bien à l'intérieur qu'à l'extérieur. Le sentiment d'unité nationale et de patrie s'y est fortifié et les mœurs ont évolué normalement, mais suivant la logique propre à une société féodale en paix.

2° Le régime féodal japonais n'a pas connu, dans les derniers siècles, le morcellement du territoire en innombrables petits fiefs. La terre appartenait à un nombre relativement petit de grands seigneurs, dits *daimyos*. La masse des nobles, dits *samurais*, n'avait aucune ressource personnelle et vivait à la charge du *daimyo* ; elle recevait de lui le logement, la nourriture et le vêtement. En sorte qu'à l'idée de noblesse ne s'est jamais attachée, comme chez nous, l'idée de richesse et de faste et que la pauvreté a toujours été considérée comme un trait glorieux de la classe samurai.

3° La classe noble a toujours tenu en haute estime la culture intellectuelle. Celle-ci était tout entière contenue dans les classiques chinois. Or, les classiques chinois sont, avant tout, des moralistes. C'est donc de l'étude des moralistes que se préoccupait le *samurai*. Pendant les deux cent cinquante années de paix du gouvernement des Tokugawa, c'est à ce souci d'études morales et à sa pauvreté qu'il devra de conserver ses vertus guerrières. Mais il y modifiera, en l'élargissant, la conception qu'il a de son rôle dans la société ; il se considérera comme le soutien de la valeur morale japonaise.

Voulez-vous avoir un aperçu bien net de cette conception du rôle du samurai ? Ecoutez cet extrait des instructions qu'un puissant *daimyo* du XVIIIe siècle, prince du sang d'ailleurs, le prince de Mito, adressait à ses *samurais* :

« De toute antiquité, le peuple a été divisé en quatre classes : *shi*, *no*, *ko*, *sho*. Chaque classe a sa sphère. Les gens du *no* se consacrent à l'agriculture, ceux du *ko* à l'industrie, ceux du *sho* au commerce. Quelle est donc la tâche du *shi*, du *samurai ?* Garder intact le sentiment du juste. Les gens des autres classes s'occupent des choses visibles, les *samurais* des choses invisibles, insubstantielles. Les objets de ces deux catégories diffèrent tellement, que beaucoup pourraient regarder le *shi* comme inutile. Non, car s'il n'y avait pas de *samurai*, le juste disparaîtrait de la société humaine, le sens de la honte se perdrait, le mal prévaudrait et l'injustice. On ne trouverait, dès lors, que par exception un sujet fidèle, un fils pieux, un ami sincère, tandis que l'escroquerie et le vol seraient quotidiens. En peu de temps, le pays tout entier tomberait dans la confusion, s'il n'en était sauvé à temps par les samurais (1). »

Tels sont les caractères de l'ancienne féodalité japonaise.

Qu'est-ce maintenant que le *bushido ?* Le mot *bushido* veut dire « voie des chevaliers ». C'est le code moral de la féodalité japonaise. Ce code n'a jamais été rédigé. Il en a été traité à toutes les époques dans nombre d'ouvrages, mais il n'a pas de texte classique. L'enseignement en est traditionnel.

C'est le confucianisme, transformé du VIIe au XVIIe siècle, au contact d'une société guerrière.

Qu'est-ce donc que le confucianisme ? Le confucianisme n'est pas, comme beaucoup l'imaginent, une religion ; c'est une philosophie, un système philosophique moral et social. Cependant, il a joué en Extrême-Orient un rôle aussi important que le christianisme en Occident.

Il y a deux oppositions fondamentales entre le christianisme et le confucianisme : 1° le christianisme se préoccupe exclusivement des fins de l'individu et met la société à son service ; le confucianisme se préoccupe exclusivement des fins de la société et lui subordonne l'individu ;

(1) Cité par le marquis de La Mazelière. *Le Japon : histoire et civilisation*, t. III, p. 305.

2° le christianisme a fait une large part à la métaphysique, le confucianisme l'ignore.

L'observation de la nature est la source fondamentale d'inspiration de la pensée de Confucius : « Se donner tout entier à ses devoirs d'homme, écrivait-il, respecter les êtres surnaturels, mais s'en tenir à l'écart, voilà la sagesse... Vous ignorez la vie, comment sauriez-vous rien de la mort ? Il disait encore : « Incapable de servir les hommes, comment prétendez-vous servir les esprits ? »

Aux yeux de Confucius, la famille telle qu'elle résulte de l'ordre naturel est le modèle de la société. Les rapports entre les individus qui la composent doivent servir de modèle aux rapports à établir entre les hommes à l'intérieur d'une société. L'autorité paternelle nous fournira donc le type de toute autorité, et le respect filial le type de toute soumission.

La société est impérissable et immuable ; l'individu est périssable et divers. Il faut donc tendre à effacer la personnalité de l'individu, à la noyer dans la société pour assurer la sauvegarde de celle-ci :

Ce résultat sera obtenu d'abord par le respect des traditions, exprimé sous sa forme la plus élevée par le culte des ancêtres. Confucius n'institue pas le culte des ancêtres : il l'a trouvé établi en Chine et il l'adopte. Il sera obtenu ensuite et surtout par la maîtrise des passions individuelles ; l'individu devra en réfréner les manifestations extérieures, dangereuses pour l'harmonie sociale. Il y parviendra en s'astreignant à certaines manières d'agir, à certains gestes, en enfermant ses actes dans un certain formalisme, dont il ne se départira jamais. Ce formalisme, Confucius l'a institué dans le livre des rites, et l'observation des rites était la partie de son enseignement à laquelle il tenait le plus.

Le *bushido* a admis tous ces principes et, peu à peu, il les a transformés en :

Fidélité absolue au seigneur et à l'empereur, considéré comme père ;

Sacrifice complet de l'individu à la société, qui est la patrie ;

Maîtrise absolue de soi jusque devant la souffrance et la mort.

Le travail séculaire de la pensée japonaise l'a, en outre, doté de mille raffinements et de nuances dont nous toucherons quelques-unes en parlant de l'instruction morale du soldat.

Nous pouvons maintenant aborder l'éducation morale du régiment. Vous allez y voir en pleine fleur tous les germes que contenait la tradition.

Comment se poursuit cette éducation morale ? Je dois dire d'abord que toutes les parties de la vie du soldat japonais en sont comme imprégnées et que nous en retrouverons le souci partout. Cependant, elle est le but spécial que se propose l'officier :

Dans l'organisation de la vie intérieure du régiment ;

Dans l'enseignement théorique correspondant ;

Dans l'institution d'un certain nombre de fêtes militaires.

L'organisation de la vie intérieure du régiment résulte du règlement de décembre 1908 sur le service intérieur. La publication de ce règlement a provoqué une grande joie dans l'armée japonaise ; on peut vraiment dire qu'elle a fait époque. Jusqu'alors, la rédaction des règlements japonais était imitée, forme et fond, des règlements européens ; on n'y trouvait aucun mot rappelant le passé et les traditions nationales ; le style en était incolore. Le règlement sur le service intérieur a, le premier, rompu avec ces errements. Il a remis en honneur non seulement les plus vieilles traditions nationales, mais même, en divers endroits, les traits les plus outrés de la phraséologie confucianiste.

L'officier japonais conçoit la caserne comme une maison de famille fermée. Il n'en laisse pas volontiers sortir les hommes, de l'âme desquels il veut s'emparer. Il supprime ainsi, auprès d'eux, toute influence étrangère à la sienne. Le service se poursuit jusqu'au coucher ; pas de sortie en semaine, peu de sortie le dimanche. Chaque année, au printemps, les chefs de corps de l'armée japonaise sont réunis à Tokyo, au ministère de la guerre, dans le but d'assurer l'harmonie des vues à l'intérieur de l'armée. Au printemps de 1909, le général Nagaoka fut chargé, par le Ministre, de commenter à cette réunion le nouveau règlement sur le service intérieur. Voici dans quel langage imagé il justifia le régime de vie sévère imposé au soldat :

« On a discuté les restrictions qui ont été apportées à la permission donnée aux soldats de sortir le dimanche. Mais les militaires ne doivent pas être confondus avec les autres fonctionnaires. Les coups de canon à tirer pour l'anniversaire de l'empereur, l'obligation d'assister à la cérémonie faite en l'honneur des soldats morts pour le pays et le repos qui la suit, et bien d'autres prescriptions leur sont spéciales. Je ne connais pas encore celle de se reposer le dimanche. Si, d'ailleurs, nous jetons un regard sur ce qui se passe au Japon, nous voyons que, parmi les gens de la classe moyenne et des classes inférieures, il y en a fort peu qui se reposent le dimanche. Les ouvriers n'ont que deux jours de repos par mois; les domestiques ne jouissent que trois ou quatre jours par an d'un congé, avec faculté d'aller chez eux ; les paysans n'ont presque jamais de repos. On a songé à supprimer pour les soldats le repos du dimanche ; cela eût été vraiment un peu dur et on s'est résolu à installer, à l'intérieur des casernes, des salles de récréation où les soldats pourront se délasser le dimanche. La liberté de sortir est un encouragement pour les soldats à toutes les mauvaises fréquentations et un entraînement au gaspillage de l'argent, contraire à la pensée du dernier rescrit impérial du 13 octobre 1908 sur l'économie. Tels sont les motifs des modifications du nouveau règlement sur ce sujet. »

L'officier ne s'empare pas seulement de tous les actes du soldat ; il s'empare même de son langage et de ses pensées. Dans la pratique, le soldat est soumis à une surveillance de tous les instants. à laquelle contribuent même ses camarades. On enseignait aux soldats, dans mon régiment, qu'ils avaient le devoir d'avertir leurs chefs des écarts de langage ou autres dont ils seraient impuissants à empêcher d'eux-mêmes le retour. J'ajouterai que ce système, qui nous paraît abominable, ne heurte personne dans un pays où les mœurs l'ont toujours consacré.

Je dois dire d'ailleurs que la vie est aussi sévère pour l'officier que pour le soldat. L'officier est constamment à la caserne ; tous, mariés ou non, y prennent le repas de midi, sous la présidence du colonel. La vie de famille existe à peine pour lui, et il m'a paru qu'il ne s'en souciait guère. Lorsque, au départ pour les manœuvres, je demandais à quelle adresse ma femme devrait me faire parvenir ses lettres, je fus regardé avec étonnement et on ne me cacha point que la question ne s'était jamais posée. La femme de l'officier japonais n'est pas moins dévouée à son mari que la nôtre; je crois même qu'elle n'est pas moins aimée, mais elle s'efface au second plan, au point de disparaître totalement derrière les sévérités du service.

L'officier donne lui-même l'enseignement théorique moral. Cet enseignement est tout entier contenu dans un document : le rescrit impérial aux soldats.

Le rescrit impérial aux soldats, qui date de 1882, est lu solennellement au régiment sous les armes dans deux ou trois grandes cérémonies annuelles : arrivée des recrues, anniversaire de naissance de l'empereur, etc... Les officiers le savent tous par cœur et le commentent aux soldats dans les compagnies, dans de nombreux entretiens. Il invite le soldat à la pratique constante de cinq vertus : la fidélité, conçue dans le sens féodal de dévouement absolu au suzerain ; la politesse, lien d'une société et condition nécessaire de l'harmonie entre supérieurs et inférieurs ; le courage, la loyauté et la frugalité.

Les officiers procèdent par demandes et réponses. Ils donnent ainsi à leur enseignement la forme d'un véritable catéchisme dont les principes atteignent parfois la plus grande élévation.

En voulez-vous un exemple ? Voici deux fragments de ces théories, l'une sur la politesse, l'autre sur le courage.

Sur la politesse :

Demande. — Que faut-il faire pour avoir de bonnes manières ?

Réponse. — Il faut avoir le cœur noble, une tenue et une attitude correctes et ne jamais se montrer grossier.

D. — Qu'est-ce qu'avoir le cœur noble ?

R. — C'est écarter les mauvaises intentions, se pénétrer nuit et jour de la pensée que nous avons pour mission d'élever le prestige de la maison impériale et du pays et qu'en temps de guerre nous devons nous sacrifier et laisser un bon exemple à nos descendants.

D. — Avez-vous le cœur noble ?

R. — Je voudrais pouvoir dire que je l'ai, ne serait-ce qu'insuffisamment ; mais je n'ose point. J'affirme seulement que je cultiverai mon cœur et chercherai à élever mon nom de soldat.

D. — Devez-vous être modeste ?

R. — Oui, nous devons être modestes, non seulement envers nos supérieurs, mais aussi envers les civils ; céder le pas aux vieillards, aux femmes, aux enfants, ne négliger aucune occasion de modestie.

D. — La modestie et la flatterie vis-à-vis de vos chefs sont-elles la même chose ?

R. — Non, elles diffèrent beaucoup l'une de l'autre. La modestie vient d'un cœur chaud, qui sert à être utile aux autres en se négligeant lui-même. La flatterie vient, au contraire, d'un cœur vil qui désire tirer profit de paroles contraires à ses pensées.

Sur le courage :

D. — Prendre des airs menaçants, user de paroles blessantes, se quereller à la moindre contrariété, est-ce être courageux ?

R. — Non ; c'est être seulement grossier ou brutal.

D. — S'élancer inconsidérément en avant sur le champ de bataille, foncer sur l'ennemi sans réfléchir, est-ce là être courageux ?

R. — Non ; c'est le courage de la bête fauve et non pas le vrai courage. Ce courage-là s'évanouit au premier échec ; il ne comporte pas l'énergie de la persévérance.

D. — Qu'est-ce que le vrai courage ?

R. — Un homme vraiment courageux est toujours doux envers les autres. Sur le champ de bataille, il ne craint pas l'ennemi, si fort soit-il, et ne le méprise jamais, si faible soit-il. Il est toujours calme, de sang-froid et cherche constamment à bien remplir sa tâche.

D. — Croyez-vous être courageux ?

R. — Je ne sais pas. Je ne pourrais répondre qu'après avoir subi l'épreuve du champ de bataille. Mais je m'efforcerai d'avoir le vrai courage.

La monotonie de la vie du régiment est rompue par de nombreuses fêtes qui, toutes, tendent à exalter le patriotisme du soldat et son dévouement pour le souverain. Ce sont la fête de l'Empereur, le 3 novembre ; la fête du régiment ; la fête de l'origine de l'armée, le 8 janvier ; la fête de l'armée, le 10 mars, jour anniversaire de la bataille de Moukden ; enfin, la fête des soldats morts pour le pays, les 5 et 6 mai. Celle-ci, la plus importante de toutes, est la seule qui comporte une cérémonie religieuse. Dans un temple de circonstance, élevé sur le terrain de manœuvre, des prêtres shintoïstes offrent des présents aux âmes des soldats morts pour le pays ; seuls assistent à ce service les officiers généraux ou supérieurs, que je fus invité à accompagner, quelques fonctionnaires de haut rang et, enfin, les familles immédiates de soldats ou officiers morts à la guerre. La cérémonie shintoïste est suivie d'une véritable fête foraine où des jeux à la manière antique, courses, luttes, etc., se poursuivent pendant deux jours.

J'en viens maintenant, Messieurs, à l'examen de l'instruction professionnelle à l'intérieur d'un régiment d'infanterie japonaise. Cette instruction professionnelle fait l'objet des soins les plus minutieux. Elle se donne en vertu d'un plan méthodique et détaillé établi d'avance à tous les degrés et où la série des divers exercices est prévue avec une extrême précision. Mais, me direz-vous, comment un tel plan est-il possible ? Des prévisions lointaines sont condamnées d'avance, car l'empêchement inattendu est fatal. Dès lors, à quoi bon ?... Je crois bien que le raisonnement est juste chez nous et les faits le prouvent d'ailleurs ; il n'est cependant pas juste chez les officiers japonais, puisque ceux-ci ne le font pas. Les Japonais pensent que nous avons la fièvre en Europe ; à vivre avec eux, on est amené à partager un peu leur avis. La vie est calme dans un régiment japonais et les modifications au tableau de service extrêmement rares. L'année d'instruction, qui s'étend du 1er décembre au 15 octobre, se divise en quatre périodes, correspondant à l'instruction des recrues, l'instruction de la compagnie, l'instruction du bataillon, l'instruction du régiment. Il est de règle absolue que l'on n'empiète jamais d'une période sur l'autre. Jamais, pendant la première période, les recrues ne sont détournées de leur instruction pour une parade, ni pour un exercice d'ensemble. Jamais, pendant la deuxième, les compagnies ne sont réunies par le chef de bataillon, ni par le colonel. Le service des places est commandé en vertu de règles extrêmement simples et faciles à prévoir, en sorte que le total des heures consacrées aux divers exercices dans le cours d'une période est facile à déterminer d'avance. Il l'est toujours ; il est ensuite réparti entre les différentes parties de l'instruction. Mais, comme cette répartition préjuge de l'importance que l'on doit attribuer à chaque matière, elle n'est pas absolument libre.

Avant que s'ouvrît l'année d'instruction, en novembre, notre colonel rédigea et fit distribuer à tous les officiers une instruction assez volumineuse visant : 1° l'instruction générale du régiment ; 2° les instructions spéciales.

Dans la partie relative à l'instruction générale du régiment, se trouvait précisément un tableau de répartition des heures, donné non pas impérativement, mais simplement à titre d'indication. Je m'arrêterai un instant à l'examen de ce tableau, très intéressant pour nous, puisqu'il nous permet de nous rendre compte de l'importance relative des diverses matières d'instruction militaire pour le fantassin dans l'esprit des Japonais.

Le colonel calcule que, du 1er décembre au 15 septembre, 1.225 heures pourront être consacrées à l'instruction pratique. Sur ces 1.225 heures, les exercices du terrain de manœuvre en revendiqueront 505 et les exercices à l'extérieur 720. A leur tour, les 505 heures de terrain de manœuvre se diviseront en 285 heures données à l'école du soldat et à l'école de section, 30 heures à l'école de compagnie, 15 à l'école de bataillon, 5 à l'école de régiment. En face de ces 50 heures données à l'école de compagnie, l'école de bataillon, l'école de régiment, nous mettrons 80 heures attribuées au combat à la baïonnette. C'est à dessein que je dis combat à la baïonnette, non pas escrime à la baïonnette. Les Japonais exercent leurs hommes au duel à la baïonnette ; ils les arment pour cela de fusils en bois dont la longueur est égale à celle de l'arme emmanchée de la baïonnette et ils les revêtent de masques et de plastrons. Presque chaque matin, dans mon régiment, les soldats commençaient la journée par vingt minutes de combat à la baïonnette ; c'était comme la prière du matin du fantassin.

La gymnastique dispose de 90 heures. Remarquons en passant qu'elle n'est dans un régiment japonais ni le *jiu-jitsu*, ni même une gymnastique suédoise, mais simplement la vieille gymnastique française que nous avons abandonnée il y a dix ans ; elle donne au Japon de beaux résultats, je vous l'affirme, peut-être parce qu'elle y est simplement étudiée avec beaucoup de méthode et de suite dans les idées et, aussi, que l'on n'attend pas que l'homme soit au régiment pour commencer. L'enseignement de la gymnastique est donné dès le bas âge aux filles comme aux garçons par l'instituteur à l'école, et le soldat japonais m'a paru remarquablement souple dès son arrivée au régiment.

Quant aux 720 heures consacrées aux exercices à l'extérieur, le service en campagne et les exercices de combat en prendront 275 ; les marches 145. Celles-ci seront considérées comme des exercices peu nombreux mais très durs. Les distances parcourues varieront de 30 à 50 kilomètres. J'ai vu imposer à titre d'épreuve une marche de 160 kilomètres en quatre jours aux anciens soldats d'un bataillon à la fin de la première période.

90 heures pour les exercices de nuit ; 185 pour les exercices de tir. Les exercices de tir se subdivisent en tir d'adresse très nombreux, exécutés, presque tous, couché à 300 mètres, sur une cible ronde partagée en dix zones concentriques, et en tirs de combat individuels sur des champs de tir de fortune à proximité de la garnison.

Enfin, Messieurs, je terminerai par un dernier chiffre bien propre à retenir notre attention, celui du temps attribué en une année d'instruction aux travaux de campagne ; ce temps est seulement de 25 heures et ce chiffre me paraît bien propre à faire tomber toutes les légendes qui nous ont montré le soldat japonais usant de la pioche plus que du fusil. L'instruction des travaux de campagne est, au Japon, une instruction de cadres surtout ; on consacre très peu de temps à apprendre à l'homme la construction d'une tranchée-abri ; on estime que la régularité dans l'exécution de cet ouvrage n'ayant pas d'intérêt, il est inutile de s'y arrêter longtemps ; au contraire de chez nous, on enseigne au soldat surtout l'exécution de tranchées couvrantes, d'abris de champ de bataille même assez compliqués.

Dans la deuxième partie de son instruction, mon colonel développe le programme de l'instruction spéciale à donner à chaque catégorie. Ces catégories sont extrêmement nombreuses. Parmi les soldats, nous distinguerons déjà les jeunes et les anciens, les mitrailleurs, les téléphonistes, les signaleurs, les brancardiers, les volontaires d'un an (qui existent au Japon comme en Allemagne), les candidats sous-officiers, les candidats officiers ; parmi les sous-officiers, les sous-officiers proprement dits, les adjudants, les élèves officiers ; parmi les officiers, les lieutenants et sous-lieutenants, les capitaines, les chefs de bataillon, les médecins, les officiers comptables.

Jetons un coup d'œil par exemple sur le programme d'instruction spécial des officiers. Nous y voyons que les lieutenants et sous-lieutenants seront instruits par leur chef de bataillon, les capitaines par le lieutenant-colonel, les chefs de bataillon par le colonel. L'instruction comporte : 10 séances d'exercice sur la carte, 5 de kriegspiel, 5 exercices de cadres, 10 séances d'étude des règlements, un certain nombre de conférences, des levés topographiques pour les lieutenants et sous-lieutenants, un tir par mois, un exercice d'appréciation des distances par mois, une séance d'escrime par semaine. L'instruction militaire des médecins absorbera 96 heures en 64 séances : 24 séances de tactique, dans lesquelles on leur enseignera les principes fondamentaux et le développement général du combat; 14 séances consacrées à l'étude de l'organisation de l'armée en temps de paix et en temps de guerre ; 10 séances de topographie ; 8 pour l'étude de l'administration et du service intérieur ; 8, enfin, pour l'étude des méthodes générales d'instruction ; on s'attache dans celles-ci à faire comprendre aux médecins les méthodes employées pour l'enseignement de la gymnastique et du combat à la baïonnette en particulier, de manière à les rendre capables d'examiner les résultats obtenus.

Tous ces programmes trahissent de très grandes exigences ; je dois dire que les résultats sont à hauteur de ces exigences. Ces résultats sont examinés par le commandement sans aucune complaisance. Les inspections qui terminent chaque période sont longues et minutieuses ; elles sont en même temps fort instructives, car elles sont toujours, pour le chef, l'occasion de critiques détaillées dans lesquelles il discute les principes posés par les règlements. Cependant, ces inspections absorbent peut-être moins de temps que chez nous, parce qu'il n'y a pas une inspection spéciale du colonel, du général de brigade, du général de division, etc... Le colonel ne manque jamais d'inviter les généraux à ses propres inspections et ceux-ci n'en passent point d'autre ; il y invite également les autres corps de la division, qui s'y font représenter par un officier. Les inspections de fin de périodes étaient donc, dans mon régiment, de véritables solennités. Chacun des officiers invités, de retour dans son régiment, y fait connaître, dans une conférence, ce qu'il a vu et les critiques qui ont été faites par les généraux ; en sorte que la division toute entière profite de ces critiques, et des relations étroites sont établies entre les divers corps.

L'inspection qui termina la première période, par exemple, dura quatre jours. Le colonel en consacra deux à l'examen des exercices du terrain de manœuvre, deux aux exercices à l'extérieur. Il eut constamment le souci de manifester en des résultats précis les progrès qui avaient été faits. Dans cet ordre d'idées, les hauteurs ou les largeurs des obstacles franchis, le temps pendant lequel un soldat pouvait maintenir son arme en joue, celui mis par le tirailleur pour exécuter un bond de 50 mètres étaient soigneusement mesurés. De même, des pesées minutieuses, des mesures de périmètre thoracique très exactes, permirent de s'assurer des résultats obtenus par l'entraînement. Disons, en passant, que ces résultats étaient remarquables et que l'officier japonais m'a paru de premier ordre, tout autant comme éducateur physique que comme éducateur moral.

Messieurs, je vous ai montré, dans leurs cadres distincts, l'instruction morale et l'instruction professionnelle. L'officier japonais estime que, dès les premiers mois de l'instruction, certains exercices doivent permettre de réunir ces enseignements en un seul et d'éprouver en même temps que d'endurcir le soldat. Il pense que, parvenu à la limite de force physique et morale qui résulte de l'entraînement, l'homme doit être préparé à reculer cette limite dans la pratique par la capacité de souffrir, capacité que prépare théoriquement l'enseignement moral, mais qui ne s'affirme pratiquement que par l'épreuve de la privation et de la souffrance elle-même.

Au cours de l'année, un certain nombre d'exercices de dureté graduée sont organisés, de manière à mettre tout le monde en face d'une véritable épreuve d'endurance qui permette à l'enseignement moral de donner la mesure de sa valeur. Par exemple, en février, le mois le plus rigoureux de l'hiver japonais, les compagnies de mon régiment ont passé huit jours dans la campagne, à 10 kilomètres de la garnison, dans des baraques légères en planches sans feu. Dans ces huit jours, ont été exécutés des exercices de jour et de nuit, dont certains ont occupé l'après-midi, la nuit complète et une partie de la matinée. C'était la première épreuve imposée aux jeunes soldats.

Au cours de chaque période, ces baraques furent occupées pendant un certain nombre de jours et, chaque fois, furent exécutés des exercices plus rudes. Les manœuvres d'automne ont formé à cet égard, comme à tous les autres, le couronnement de l'instruction. Elles s'exécutaient exactement dans les mêmes conditions que la guerre et nous y avons eu des batailles ininterrompues de trois jours. J'ajoute que l'épreuve était rendue particulièrement pénible par les pluies fréquentes à cette époque. J'ai vu à plusieurs reprises des compagnies passer la nuit entière sous la pluie, dans des tranchées pleines d'eau et attendre ainsi, le fusil à la main, le lever du jour pour l'attaque. Je définirai les résultats obtenus par ce double fait que jamais une plainte ni une récrimination ne se faisait entendre et qu'il n'y avait ni malades, ni traînards.

Messieurs, j'ai terminé. Je vous parlerai dans ma deuxième conférence de la tactique japonaise, que nous sommes prêts à comprendre maintenant.

2e CONFÉRENCE.

Mon Général, Messieurs,

Je vous ai dit, dans ma première conférence, que les Japonais avaient procédé, depuis la guerre, à une refonte de tous leurs règlements ? Est-ce à dire que cette refonte ait eu pour conséquence une transformation complète de leur tactique ? Non pas. L'officier japonais n'a jamais pensé que son règlement l'ait mal servi pendant la guerre et si, en ce qui concerne l'infanterie, vous rapprochez l'ancien texte et le nouveau, vous ne relevez, somme toute, que des différences peu importantes.

Il est vrai, les officiers japonais ont été frappés du prix de la victoire ; dans mon régiment, les portraits de 48 officiers tués pendant cette guerre entouraient la salle à manger du mess ; des officiers du régiment qui avaient assisté à la guerre, un seul n'avait reçu aucune blessure ; quelques-uns étaient revenus deux fois de Mandchourie dans les hôpitaux du Japon pour retourner, après guérison, une troisième fois sur le théâtre des opérations. Personne n'a attribué l'excès des pertes qui se sont produites en certaines circonstances aux défectuosités de la doctrine tactique, mais simplement à la maladresse des chefs en sous-ordre. On disait, parmi les officiers de mon régiment, que les régiments commandés par des colonels issus de l'Académie de guerre avaient généralement moins souffert que les autres, parce qu'ils avaient été engagés moins à la légère, et, de fait, il y a maintenant une tendance plus grande encore qu'avant la guerre, à favoriser les officiers ayant passé par l'Académie de guerre, et à recruter davantage parmi eux non seulement des chefs d'état-major, mais des commandants de régiment.

Sauf cette restriction, l'officier japonais estime que les pertes sont simplement la conséquence de la vigueur de l'attaque, que celle-ci doit pouvoir être menée avec la même violence de front comme de flanc, en terrain plat comme en terrain couvert, que la prudence, le désir d'une moindre effusion de sang pourrait avoir seulement pour conséquence d'aller moins vite, de durer, d'attendre son moment, mais que toujours et partout il faudra finir par l'assaut, l'abordage à la baïonnette.

Un jour que, dans un des fréquents entretiens que j'avais avec mon colonel, je lui demandais quel était à son point de vue le secret de la supériorité d'une troupe à la guerre, il me répondit simplement : « La patience », et, comme j'insistais, il m'affirma avec beaucoup de force : « Il n'y a rien autre. Le tout est de savoir longtemps souffrir sans renoncer. »

Je crois qu'aucun des officiers avec qui j'ai causé n'aurait démenti ce jugement. Mon régiment, le 6ᵉ, appartenait à la 3ᵉ division. Il avait fait partie de l'armée d'Oku et avait figuré dans toutes les batailles depuis Nanzan jusqu'à Moukden, en passant par Wafangou, Liao-Yang, le Chaho et Sandépou. A Nanzan, la 3ᵉ division avait reçu, vers le soir, l'ordre d'attaque générale, alors qu'il ne restait plus que quelques cartouches par homme. Pendant la bataille de Liao-Yang, le 30 août, le régiment avait pris part à l'assaut des lignes de Shuzampo et, dans la nuit du 30 au 31, une compagnie avait été presque entièrement détruite dans une attaque malheureuse. Au Chaho, le régiment était en face de Chahopou et de la colline Poutilov. Enfin, à Moukden, il avait attaqué en terrain absolument découvert et enlevé au jour, après une nuit d'attente, la position des Russes. Notre colonel, qui commandait alors le régiment comme lieutenant-colonel, était resté sur le carreau, frappé de deux balles, après une conduite héroïque.

Au cours de longues et nombreuses conversations, j'ai recueilli beaucoup d'impressions de champ de bataille et je vous les rapporterai telles que je les ai reçues. Ce sont celles d'officiers d'infanterie de valeur moyenne qui n'ont pas cherché, pour la plupart, à dépasser par leurs réflexions les impressions subies, et c'est là, à mon sens, ce qui en fait la saveur. Quelques-unes de ces impressions heurteront peut-être des opinions que vous pouvez avoir, et même des opinions généralement admises chez nous ; je ne prends personnellement fait et cause pour ni contre aucune ; mon rôle se borne à reproduire.

D'abord sur l'effet des armes. Les officiers d'infanterie japonaise n'attribuent pas autant de valeur que nous au feu de l'artillerie. Ils pensent qu'il y a lieu de se préoccuper d'elle surtout aux grandes distances, de 6.000 à 1.500 mètres de l'ennemi, mais qu'il est alors facile, si l'on est prudent, d'échapper à ses coups, parce qu'on peut à l'aise user du terrain et aussi parce que, voyant mal, elle règle mal et lentement. Quant à la zone de 1.500 mètres qui précède immédiatement la ligne d'infanterie, elle la voit très mal parce qu'elle est obligée de se tenir en arrière des crêtes, en arrière de cette ligne d'infanterie et elle est gênée par la présence fatale de nombreux angles morts. L'artillerie surtout, disent-ils, ne produit pas d'effet de surprise. Sa propre vulnérabilité, lorsqu'elle est attelée, l'oblige à mettre en batterie de très loin. Son réglage est laborieux et il est rare qu'on ne soit prévenu par quelques coups inoffensifs avant d'être touché ; il suffit alors de se coucher pour lui échapper presque complètement.

Le fusil joue encore le principal rôle sur le champ de

bataille ; cependant, ses effets ne sont pas tels qu'ils soit interdit de progresser à une ligne de tirailleurs, même dense, en terrain découvert, à la condition qu'elle sache s'y prendre.

La mitrailleuse a des effets terrifiants. Son réglage est fort long et difficile; mais il échappe complètement à l'observation, et, lorsque la gerbe s'abat sur le but, elle balaye en quelques secondes et à l'improviste des escouades entières, même couchées. Un officier m'a raconté que les sections d'infanterie qui marchaient comme soutiens derrière la ligne de feu savaient reconnaître sur le sol les endroits fauchés par la mitrailleuse à la régularité de la position des cadavres, tous frappés dans le même moment, et qu'aucun homme ne voulait s'arrêter sur ces emplacements, ni même les traverser.

Comme vous le savez, le champ de bataille est désert. Il en résulte que l'apparition du moindre objectif provoque un feu violent. Il suffit de montrer un ou deux hommes debout pour déchaîner une véritable tempête. Aussi l'observation de l'ennemi est-elle extrêmement difficile. A Nanzan, on apercevait encore l'artillerie russe qui se profilait sur les crêtes ; dès Wafangou, on ne la vit plus. La conduite du feu sur la ligne des tirailleurs est extrêmement difficile, parce que l'officier, couché, comme ses hommes, commande mal à toute sa section et ne voit pas grand'chose de l'adversaire. Il doit user de procédés de commandement et d'observation spéciaux, avoir une grande acuité visuelle et compter en toutes circonstances sur l'intelligence du tirailleur pour le comprendre vite, à demi-mot.

Le commandement s'oriente avec la plus grande difficulté ; la cavalerie ne donne à peu près rien ; la reconnaissance par le feu ne donne pas davantage. On discerne mal la direction des coups de fusil ; on n'apprécie pas mieux l'intensité de la fusillade, d'abord parce que le vacarme environnant s'y oppose, ensuite parce que le moindre groupe de tirailleurs tirant à toute vitesse produit un bruit considérable, difficile à différencier du bruit produit par un plus grand nombre de fusils.

Il n'y a pas de position principale de feu. La *hauptfeuerstellung*, qui fut jadis un schéma cher aux Allemands, où l'on prenait définitivement la supériorité sur son adversaire, ne serait, paraît-il, qu'un mythe. Un officier japonais, à qui je demandais un jour si elle existait, me répondit : « Oui, elle existe, elle est à $1^{m},50$ de l'adversaire, à longueur de baïonnette. »

Le souvenir le plus vivant que les officiers japonais ont conservé du champ de bataille, c'est l'épreuve morale, la souffrance physique qui résulte de la longueur de l'effort et qui se traduit par-dessus tout par la soif. La soif du champ de bataille est pour beaucoup un souvenir atroce ; la gorge desséchée par la fièvre, l'absence d'eau dans son bidon, la recherche des quelques gouttes qui demeurent dans les bidons des morts, puis l'impossibilité fréquente de se ravitailler nulle part en eau sur le champ de bataille ; la souffrance de la faim s'efface devant la soif.

Enfin, la plus étrange remarque qui m'ait été faite, et je ne la reproduirais point si je ne l'avais entendue souvent, c'est celle-ci : on ne s'habitue pas au feu, au contraire ; l'épreuve des dernières batailles était peut-être plus cruelle que celle des premières, peut-être parce que la lassitude venait et puis qu'aussi on ne doutait plus de la victoire ; l'attention n'était plus absorbée par le souci de l'issue de la lutte. La diminution de la force de résistance des Russes se faisait de plus en plus manifeste ; le succès n'était plus mis en doute par personne, du temps restait pour penser à soi-même.

J'arrête là cet aperçu des impressions personnelles que les officiers japonais ont rapportées du champ de bataille. Il m'a semblé que ces impressions formaient une préface intéressante à l'examen de leur doctrine tactique. Celle-ci se trouve au confluent de deux courants formés par les idées allemandes ; sur le combat d'une part, par l'influence des sentiments nationaux, de l'autre.

Sur ces sentiments nationaux, les développements de ma première conférence me dispensent d'insister. Envisagés au point de vue de leur influence tactique, ils se résument en : culte du courage patient; mépris de la mort; culte de l'arme blanche.

Je tiens cependant à bien préciser ce que je veux entendre par le mépris de la mort. On a voulu représenter le soldat japonais stoïque devant la mort et comme plein, à son égard, d'une magnifique indifférence. C'est là, ai-je besoin de le dire, une grande naïveté. Ce type humain n'existe nulle part, quelle que soit la couleur de la peau. Le soldat japonais n'est pas un surhomme, et, comme le veut l'infirmité de notre nature, il a, tout comme nous, et autant que nous, l'instinct de la conservation. Le mépris de la mort n'est pas, au Japon, un fait individuel ; il suffit, pour s'en rendre compte, d'avoir vécu parmi les Japonais et d'avoir vu, par exemple, à quel point ils redoutent la maladie ; mais le mépris de la mort est chez eux un fait social. Je m'explique. La société japonaise n'admet point que l'instinct de la conservation doive être écouté, ni que la peur de la mort soit respectable ; elle ne pense pas que le respect de la vie soit le suprême devoir de l'humanité et elle n'envisage pas la mort comme le pire destin. Le soldat craint la mort, mais la société, mais l'officier, ne la redoute point pour lui ; l'opinion publique est trempée par l'éducation morale donnée au peuple et cette même éducation a pour conséquence, chez le soldat, une grande crainte de l'opinion publique, et c'est cette crainte, le souci de ne se point être déshonoré aux yeux de tous, car il sait que même ses parents ne lui seraient point indulgents, qui fait mourir héroïquement le soldat à son rang.

Les sentiments moraux développés par le *bushido* et l'éducation morale, voici donc le premier courant d'où résulte la tactique japonaise ; ils sont la raison de la confiance absolue qu'a le commandement dans la solidité de l'infanterie et de l'audacieuse violence avec laquelle il l'emploie. Le deuxième courant est, comme je vous l'ai dit, les doctrines tactiques allemandes. L'armée allemande jouit au Japon d'une grande considération. Son prestige a grandi sous l'influence du général Meckel, qui a été l'initiateur tactique de l'état-major japonais. Toutes les idées tactiques qui, dans les quinze dernières années, ont été en vogue dans l'armée allemande, ont trouvé, au Japon, de chauds partisans.

Vous connaissez, Messieurs, la doctrine allemande. Ramener le combat comme jadis à un seul acte : le choc. Le débarrasser, par conséquent, d'une période d'orientation, de préparation par l'avant-garde, d'une période de manœuvre décisive par les réserves. Pour cela, il est logique de s'étaler en largeur plutôt qu'en profondeur, et, comme nos armées sont considérables, si l'on veut que ce déploiement n'absorbe pas trop de temps, il faut, autant que possible, marcher, avant la bataille, sur plusieurs colonnes. Le résultat décisif est obtenu par l'enveloppement d'une aile.

Le point pratiquement difficile dans l'application de ces idées, c'est, malgré tout, l'orientation du choc. On a beau avoir fait fi des services rendus par l'avant-garde, encore ne faut-il pas donner dans le vide avec son attaque. Les Allemands prétendent résoudre le problème dans ses grandes lignes avec leur cavalerie, et, pour le reste, ils se payent un peu de mots. Si les renseignements manquent, disent-ils, le déploiement se fera tout de même en vertu de la volonté d'agir du commandement ; il pourra avoir l'air d'être préconçu ; peut-être même le sera-t-il, mais le commandement affirmera sa volonté et créera une situation au lieu de la subir. Resterait à savoir si, juste retour des choses d'ici-bas, il ne pourrait pas avoir à subir ensuite la situation qu'il aurait créée.

Les Japonais admettent la doctrine en gros. Leur infanterie est belle ; ils aiment la lutte à l'arme blanche ; la tentation est grande pour eux de vouloir en finir par un hourra d'infanterie en grand style. Il s'agit donc de placer cette infanterie exactement face à l'ennemi, à quelque 1.200 ou 1.500 mètres, puis de la lancer à fond, sans arrière-pensée, sur le front, et, en même temps, sur une aile. Car, si les Japonais croient l'attaque frontale parfaitement réalisable, ils admettent cependant qu'elle est trop coûteuse et doit être aidée par l'enveloppement d'une aile. Mais, pour que cette attaque puisse se faire, encore a-t-il fallu placer d'abord son infanterie dans cette situation, face à l'ennemi, qui lui permettra de ne pas donner dans le vide, et toute la difficulté est là. En sorte qu'en résumé, les Japonais voient dans la bataille deux phases :

La première aura pour résultat d'amener ses forces face à l'ennemi que l'on veut attaquer, l'infanterie à 1.200 ou 1.500 mètres de lui, sur une position préparatoire qui sera le point de départ de l'attaque.

La deuxième phase consistera dans l'attaque violente de cette infanterie qui, brusquement, devra surgir de cette position préparatoire et marcher sans arrière-pensée à fond jusqu'à l'assaut.

Dans les manœuvres, j'ai presque toujours trouvé ces phases absolument distinctes, réalisant un véritable schéma. La première est naturellement de beaucoup la plus longue. Elle se poursuivait parfois pendant plusieurs journées ; la deuxième ne prenait pas plus de deux à trois heures.

Nous allons les étudier successivement.

Première phase.

Il s'agit d'amener notre infanterie face à l'ennemi, poitrine contre poitrine pour ainsi dire, avec une de nos ailes débordantes. Il faut, pour cela, connaître la situation de l'ennemi ; comment y parvenir ? Le système de l'avant-garde qui engage le combat sur tout le front est écarté ; la cavalerie qui, chez les Allemands, joue un rôle important dans la recherche des premiers renseignements, est si faible dans l'armée japonaise qu'on ne peut trop compter sur elle. D'ailleurs, le champ de bataille moderne ne se prête guère à la reconnaissance exacte par la cavalerie. Comment faire ?

La cavalerie suffira aux premiers renseignements vagues sur la situation de l'ennemi, surtout sur les points où il n'est pas. L'espionnage ne sera pas négligé, et, organisé, donnera également des résultats. Mais tout cela est imprécis et insuffisant pour déclancher un déploiement et une attaque.

La division marche, en général, sur plusieurs colonnes. Les premiers indices servent à orienter ces colonnes. Aux manœuvres, lorsque la présence du gros de l'ennemi était signalée à l'avant-garde, dans un rayon de 6 à 8 kilomètres, elle s'arrêtait. Elle poussait des patrouilles d'infanterie sur le front et prenait une position défensive. Lorsque ces patrouilles et la cavalerie permettaient de se rendre un compte *grosso-modo* de la direction dans laquelle il fallait chercher l'ennemi, on exécutait un premier déploiement. La plupart du temps, même, les renseignements de la cavalerie avaient suffi à orienter ce premier déploiement ; il avait pour résultat de répartir les unités sur un certain front à la même hauteur. Il correspondait à ce que les Allemands, dans leur règlement d'infanterie, ont appelé l'*Aufmarsch*, distinct de l'*entwickelung*, qui sera le déploiement proprement dit en tirailleurs. L'artillerie prenait à ce moment, une position d'attente.

Dans cette première situation, très loin de l'ennemi, les Japonais se considèrent-ils comme déployés ? Je ne le crois pas. Ils estiment qu'ils sont encore rassemblés, et cela résulte pour eux du fait que les liaisons sont si étroitement établies entre toutes les unités et le commandement que celui-ci a, vis-à-vis de celles-là, son entière liberté. Comment sont organisées ces liaisons ? Les estafettes sont le premier moyen et le plus simple ; mais, si l'on ne veut pas ruiner sa cavalerie, il faut l'employer avec mesure ; il n'est d'ailleurs possible que très loin de l'ennemi, et peu rapide. Les Japonais donnent au problème des liaisons sur le champ de bataille trois solutions : le téléphone, les signaleurs, la chaîne d'hommes de communication.

Le téléphone est toujours installé aux avant-postes ou dans la défensive, souvent dans l'offensive, jusque sur la position préparatoire d'attaque. Un régiment d'infanterie dispose de quatre appareils, servis chacun par trois hommes. La mise en œuvre est extrêmement simple et rapide. Un homme porteur d'un appareil demeure au point de départ ; un deuxième suit la troupe en marche en déroulant du fil derrière lui ; un troisième, muni d'une longue perche de bambou, range le fil dans les arbres ou ailleurs, partout où il y a inconvénient à ce qu'il reste à terre. On profite de tous les temps d'arrêt pour rectifier le tracé de la ligne.

Les signaleurs sont très nombreux ; sont dressés à ce service tous les *jotohei*, genre de soldats qui correspondent aux *gefreite*, et sont au nombre d'une quinzaine par compagnie. Ces signaleurs se servent de deux fanions, et l'alphabet usité est un alphabet du type Morse. Lorsqu'un poste de signaleurs s'établit, il arbore, au sommet d'un arbre ou d'une perche, un fanion et recherche lui-même à la jumelle s'il n'aperçoit pas d'autres postes dans ses environs ; s'il s'en trouve, il entre aussitôt en communication avec eux.

Enfin, je dois dire que le système de liaison qui m'a paru le plus fréquemment employé, le seul possible et le seul d'ailleurs usité sous le feu, c'est simplement la chaîne d'hommes de communication. Les Japonais sont extrêmement habiles dans l'utilisation de ces chaînes d'hommes de communication, et leurs soldats sont dressés avec beaucoup de soin à ce service. Il ne s'agit pas seulement d'établir une telle chaîne entre deux points fixés ; il s'agit même d'arriver à maintenir ainsi la liaison entre deux points mobiles, entre une troupe en mouvement, par exemple, et son chef, dont la place peut varier. Il suffit, pour cela, d'avoir en un point quelconque de la chaîne une petite réserve d'hommes maniée par un sous-officier qui les dispersera en cas de besoin, comme on donnerait du fil, pour que la distance entre deux hommes, d'une cinquantaine de mètres, en général, ne dépasse pas cent mètres. Si les extrémités de la chaîne se déplacent, les hommes intermédiaires règlent leurs mouvements en conséquence. Tous se couchent dans les moments d'arrêt.

Je terminerai cet aperçu sur la liaison par une observation qui me paraît avoir son importance. On peut, je crois, distinguer deux sortes de liaisons : la liaison dans le sens du front, qui établit des communications entre les unités marchant côte à côte à l'ennemi, et la liaison dans le sens de la profondeur, qui relie les diverses unités au commandement. Je n'ai pas vu les Japonais se préoccuper beaucoup de la liaison dans le sens du front, et je pense, pour le leur avoir entendu dire, que dans leur esprit, cette liaison résulte surtout de la communauté d'objectif ; chacun s'efforçant vers l'ennemi avec une même ardeur offensive, les mouvements s'harmonisent et s'appuient les uns les autres d'eux-mêmes ; cette liaison est en avant, dans la convergence des efforts. La liaison qui préoccupe le plus les Japonais, celle à laquelle ils estiment qu'ils ne sauraient mettre trop de soins, c'est la liaison en profondeur, qui apporte rapidement au commandement le renseignement perçu à la périphérie, et renvoie instantanément à la périphérie l'ordre conçu par le commandement. C'est à l'activité de cet échange, condition même de la manœuvre, que s'emploient surtout les organes de liaison dont je vous ai parlé.

La division s'est donc étalée sur le terrain ; mais elle n'en est pas moins rassemblée, puisque tous ses éléments, soigneusement reliés avec le chef, demeurent entièrement dans sa main. Cependant, des patrouilles d'infanterie battent l'estrade sur tout le front, en avant des diverses unités qui les ont envoyées. La patrouille d'infanterie constitue véritablement les yeux du commandement japonais au combat. Elle se compose d'un nombre d'hommes très variable, depuis 5 à 6, jusqu'à un peloton de 50 hommes. Elle use de tous les moyens pour arriver à voir, de tous les moyens de liaison habituels pour rendre compte de ce qu'elle a vu. Je l'ai vu dresser dans les compagnies avec beaucoup de méthode, et je crois que rien ne peut, mieux que la progression de ce dressage, vous faire comprendre sa manière d'agir. Cette progression est simple et logique. On enseignera séparément et successivement aux patrouilleurs trois choses : 1° progresser vers l'ennemi et rechercher des postes d'observation ; 2° observer l'ennemi ; 3° rendre compte. On ne voit donc pas, dans l'infanterie japonaise, les patrouilles se livrer à des actes d'héroïsme facile dans des combats singuliers, quelque peu ridicules, ni aller observer avec une audace sans danger l'ennemi à moins de 100 mètres. Une patrouille ne s'approche guère à moins de 500 à 600 mètres de l'ennemi, et doit voir sans être vue. Il est fréquent que le chef de patrouille soit armé d'une bonne jumelle, car le capitaine dispose de quelques-unes et peut les répartir à son gré. Il a, en outre, des observateurs sur tous les points favorables, jusque sur les toits et au sommet des arbres les plus élevés.

Cependant que se poursuit ce travail de reconnaissance, le commandement pour l'ensemble de la division, le chef de chaque unité pour cette unité, reconnaissent soigneusement le terrain en avant, à droite, à gauche, et prévoient une position de défense en cas d'attaque.

Le rôle de la cavalerie se borne à définir la position des ailes de l'adversaire.

Au fur et à mesure que se multiplient les renseignements et qu'ils arrivent au commandement, celui-ci se fait une idée de plus en plus nette de la situation de l'ennemi. Il en profite pour gagner du terrain en avant et porte l'ensemble de ses forces vers l'ennemi sur des positions successives de plus en plus rapprochées de lui. Les formations de marche de l'infanterie dans cette phase du combat sont entièrement subordonnées à l'utilisation du terrain ; échapper entièrement aux vues et aux coups possibles de l'artillerie adverse est son principal souci. Les sections ont une certaine indépendance ; mais elles ne marchent généralement pas par le flanc ; elles demeurent en ligne et se meuvent avec beaucoup d'ordre. S'il s'agit de franchir un espace découvert, on n'hésite pas néanmoins à se diluer complètement ; mais cela se fait en prenant certaines précautions. Le capitaine se porte généralement avec une patrouille au delà de l'espace découvert ; puis les sections le suivent, à la course, homme par homme ; le chef de section ayant exécuté le mouvement le premier rallie son capitaine et remet ses hommes en ordre ; un sous-officier règle le départ et passe le dernier. Rien n'est négligé pour échapper aux vues de l'ennemi. Si, sur une position, on a dû creuser une tranchée, on la masquera avec beaucoup d'art au moyen de feuillage de bambou. J'ai vu même dans une rizière récoltée, où l'on avait construit un ouvrage, remettre, la tranchée une fois faite, les gerbes à leur place primitive sur les parapets et au-dessus des fossés, de manière que leur disposition en quinconce une fois restituée, l'aspect du terrain ne fût en rien changé. On veut ainsi surprendre l'ennemi par l'attaque; on veut ainsi échapper à son artillerie, car c'est dans ces préliminaires du combat, et je dirai même à ce moment seul que l'officier d'infanterie japonaise craint le canon. Il considère, en effet, comme très funeste toute surprise par le feu, soit pendant la marche en colonne de route, soit au moment où s'entame le déploiement. Il ne justifie d'ailleurs pas cette opinion par des considérations de vulnérabilité, mais par de simples considérations morales. Le passage de la formation de marche à la formation de combat constitue chez le combattant, au seuil du champ de bataille et en face d'un inconnu redoutable, un moment de tension nerveuse particulièrement pénible. Si ce moment vient à coïncider avec une surprise par le feu, il en résulte un ébranlement dont l'impression s'efface difficilement. Aussi, n'attend-il pas que l'artillerie se soit révélée pour se prémunir contre elle et ses dispositions sont prises aussitôt que son intervention apparaît simplement comme possible.

L'artillerie de l'attaque suit la marche de l'infanterie et occupe des positions de surveillance successives. Ses organes de reconnaissance la précèdent, préparent ses mouvements, fouillent l'horizon au moyen de jumelles coudées qui leur permettent de rester soigneusement dissimulés. Ces jumelles coudées sont des jumelles à prismes placées sur un pied, et courbées deux fois à angle droit, en sorte que l'objectif, plus élevé que l'oculaire, puisse dépasser une crête sans qu'aucune partie de la tête de l'observateur soit visible au-dessus de cette crête.

L'artillerie ouvre généralement le feu entre 3.000 et 3.500 mètres.

Par bonds et tâtonnements successifs, le commandement

amène de la sorte l'infanterie sur la position préparatoire d'attaque ; elle devra s'y trouver face à son objectif et prête à partir droit devant elle. Cette position est complètement organisée ; le tir y est préparé et l'occupation en est exécutée par les divers éléments à la dérobée. L'occupation d'une position de tir à la dérobée est un mouvement très étudié par l'infanterie japonaise et dont je vous dirai quelques mots. Il s'agit de s'établir sur une position entièrement à l'insu de l'ennemi, par exemple au voisinage d'une crête ou d'un masque couvrant quelconque. Le chef de groupe arrête ses tirailleurs à la ligne de défilement de l'homme debout ; puis il les fait progresser par la marche rampante. Celle-ci s'exécute en prenant appui sur la main gauche, le genou gauche et le pied droit, le fusil dans la main droite. Cette marche, très pénible, ne peut, de l'avis des officiers japonais, être exigée pour des distances de plus de 10 à 15 mètres ; je ne l'ai guère vue usitée dans d'autres cas que celui-ci. Parvenus à la crête, les tirailleurs s'arrêtent, couchés de manière que la ligne de leurs yeux la dépasse exactement, et le chef fait, à haute voix, la reconnaissance de la zone dans laquelle il pourra avoir à tirer. Il en désigne les points saillants, villages, bois, bouquets d'arbres, mouvements de terrain ; leur donne des noms au besoin, apprécie à la vue un certain nombre de distances, puis, ramenant ses tirailleurs en arrière, il reste seul à la crête en observation. Faut-il, à un moment quelconque, ouvrir le feu. Les tirailleurs chargent leurs armes, reçoivent l'indication de l'objectif et de la hausse, et ne se portent qu'ensuite, en rampant, à la crête. On se sera ainsi donné toutes les chances de surprendre l'adversaire par son feu.

Deuxième phase.

Sur la position préparatoire d'attaque, se termine la première phase du combat. L'infanterie est parvenue à la limite des couverts, à 1.200 ou 1.500 mètres de la position de l'ennemi. Dans quelle formation se trouve-t-elle ? Les unités maintenues en réserve sont peu nombreuses, deux bataillons au plus pour une division. Dans le régiment, le déploiement s'est fait par bataillons accolés ; dans chaque bataillon, trois compagnies en première ligne, une en deuxième ligne ; enfin, dans les compagnies de première ligne, deux sections déployées en chaîne, une en soutien. Le front total occupé est très vaste parce qu'il y a des intervalles entre les unités ; il se resserrera au fur et à mesur de la marche en avant, de manière que l'étreinte de l'ennemi soit de plus en plus énergique ; mais, dès le départ, le front de chaque unité ne dépasse pas l'étendue réglementaire, 150 mètres environ par compagnie, en sorte que les lignes de tirailleurs apparaissent très denses. Les mitrailleuses occupent des points d'où elles puissent bien voir l'objectif de l'attaque. Si de pareils points n'existent pas, elles sont sur la chaîne des tirailleurs prêtes à l'accompagner.

L'artillerie canonne vigoureusement les positions de l'adversaire. A un signal donné par le commandement, l'infanterie ouvre le feu simultanément sur toute la ligne. Puis les tirailleurs se lèvent et se portent en avant.

On a beaucoup discuté, en France et en Allemagne, sur les meilleurs procédés à employer par une ligne de tirailleurs pour progresser. Les déplacements par petits groupes, et même homme par homme, ont été admis dans les deux pays. Il est curieux de constater que les Japonais se sont bien gardés d'aller aussi loin. Je n'ai jamais vu, dans aucun exercice, les tirailleurs progresser sous le feu autrement que par bonds de la section entière à la fois. Les Japonais font à cet égard le raisonnement suivant. Un seul homme qui se lève sur le champ de bataille provoque un redoublement de feu de l'adversaire, dangereux pour ses voisins, même couchés. Peu importe dans ces conditions de montrer un homme ou cinquante ; ce qu'il faut, c'est les montrer pendant un temps très court, afin d'utiliser le délai indispensable à l'ennemi pour apercevoir l'objectif, mettre en joue, tirer et pour que la balle accomplisse son trajet dans l'air. On estime que ce délai sera d'environ douze à quatorze secondes, temps pendant lequel il est possible à un tirailleur bien entraîné de franchir 30 mètres. Cet entraînement est d'ailleurs fait avec beaucoup de soin à l'instruction individuelle. On trace deux lignes parallèles distantes de 30 mètres. Le soldat prend sur l'une de ces lignes la position du tireur couché ; à un signal, il se lève, court en se courbant de toute la vitesse dont il est susceptible et se jette à plat sur le sol en arrivant sur la deuxième ligne. l'instructeur observe le temps employé qui doit être peu à peu ramené à douze secondes.

Il n'est plus question, dans l'attaque, d'utilisation du terrain. On ne permet pas aux tirailleurs, dans les exercices, de se pelotonner par petits groupes ; on exige une certaine régularité de la ligne et que chaque homme suive sa route de marche. On ne prévoit pas davantage dans cette phase de travaux de fortification. et les outils sont généralement, non pas sur le ceinturon, mais sur le sac. L'officier japonais admet bien, et nous le verrons tout à l'heure, que la fortification puisse être pratiquée au cours de l'attaque, mais il pense que cette instruction ne doit être donnée qu'avec prudence. En principe, le soldat doit être pénétré de l'idée que tout ralentissement dans l'attaque est le pire danger et que rien ne doit rompre son élan vers le corps à corps.

Le feu est toujours exécuté couché ; le chef de section

est couché comme ses hommes à un pas ou deux en arrière du centre de son unité. Ses commandements sont répétés à haute voix par les soldats les plus rapprochés et se propagent ainsi d'homme à homme jusqu'aux extrémités de la ligne. Les tirailleurs signalent également à haute voix les mouvements de l'ennemi aussitôt qu'ils les aperçoivent, aussi bien que tous les incidents intéressants, de manière que soient utilisés les yeux et l'attention de tous.

Il est fréquent que les mitrailleuses soient employées sur la chaîne même des tirailleurs. Elles accompagnent alors ceux-ci dans leurs bonds, portées par deux hommes. Remarquons, en passant, que dans l'esprit des Japonais, la mitrailleuse est une arme offensive aussi bien que défensive. Ils estiment qu'elle a pour but de produire un effet d'écrasement là où elle est mise en œuvre et, que, par suite, elle trouve son emploi surtout dans la préparation de l'assaut. L'assaut est la fin de toute attaque d'infanterie. Je vous ai montré l'importance que les Japonais attribuent à l'arme blanche, non pas seulement importance morale, mais importance matérielle. Les officiers japonais sont unanimes à affirmer que la dernière guerre a fourni de nombreux exemples d'abordage à l'arme blanche. Aussi l'assaut est-il soigneusement préparé par eux. Il est donné par la ligne des tirailleurs elle-même ; il n'y a pas de formation spéciale d'assaut. Les Japonais ignorent tous les procédés d'attaque décisive qui, sous le nom de coups de poing, de vagues ou autres ont été en honneur chez nous depuis un certain nombre d'années.

J'ai vu fréquemment admettre aux manœuvres que, pour une raison quelconque, l'attaque avait dû stopper ; cela résultait de ce que le feu de l'ennemi, très violent, semblait opposer une barrière insurmontable à la progression des tirailleurs où, plus souvent, de ce que la nuit tombait avant l'assaut. Dans ce cas, les tirailleurs dégageaient leurs outils et, couchés, se creusaient un abri dans le sol ; pour cela, aucune règle particulière d'exécution ; chaque homme jetait simplement en avant de lui assez de terre pour se constituer un couvert et le relier aux couverts voisins. Cependant, des patrouilles se portaient en avant à la faveur de l'obscurité et, à tâtons, s'efforçaient de reconnaître le terrain et la situation de l'ennemi ; le commandement, renseigné, donnait, vers minuit, de nouveaux ordres, en vertu desquels, sans bruit, les troupes d'attaque prenaient, plus près de l'ennemi, des dispositions nouvelles ; ces mouvements s'exécutaient, naturellement, avec une grande lenteur et souvent par tâtonnements successifs. Lorsqu'ils étaient terminés, de nouvelles tranchées étaient creusées sur la position occupée, qui devait être le point de départ de l'assaut, et, le fusil à la main, on attendait le lever du jour. Le feu était rouvert de nouveau à un signal, simultanément sur toute la ligne, et l'assaut donné dès les premières lueurs de l'aube.

C'est là un cas particulier des opérations de nuit. Je n'ai pas besoin de vous dire que celles-ci sont très étudiées. Les exercices de nuit sont fréquents. On se préoccupe surtout d'y obtenir la suppression absolue de toute espèce de bruit et les résultats atteints à cet égard sont surprenants. J'ai assisté personnellement à une attaque exécutée par un bataillon entier, qui a pu parvenir à moins de 100 mètres des sentinelles ennemies, sans que celles-ci, sur la ligne desquelles je me trouvais, aient pu percevoir aucun bruit de pas, de voix ni d'armes.

Dans une instruction adressée au régiment au début de l'instruction, le général Kurozawa, qui commandait notre brigade, a traité entre autres choses la question des opérations de nuit. Le général Kurozawa a rempli pendant la dernière guerre les fonctions de chef d'état-major de la 10e division : c'est un officier général très jeune et de très grande réputation. Je vous lirai la partie de cette instruction relative aux opérations de nuit, parce qu'elle vous donnera une idée nette de l'esprit dans lequel les Japonais les envisagent, et qu'elle vous montrera la précision, le sens pratique qu'ils apportent dans leurs études tactiques.

« A en juger par les résultats de cette année, on peut dire que l'instruction des deux régiments de la brigade, au point de vue du combat de nuit n'a pas atteint entièrement son but. Le règlement sur les manœuvres indique seulement les principes et les formations en général, ce qui s'explique par le fait que les combats de nuit peuvent varier à l'infini. Il ne suffit pas, pour être instruit, de bien connaître les principes fondamentaux posés par le règlement ; il faut encore étudier les exemples historiques. On acquiert de l'expérience en les méditant constamment. Dans l'étude de l'histoire d'un combat de nuit, on doit rechercher :

» Quelle était la situation qui a rendu un combat de nuit nécessaire ?

» Quels procédés ont été employés pour maintenir la liaison des troupes pendant la marche ?

» Si la formation des troupes convenait à la situation ?

» Comment ont opéré les troupes pour se déployer en échelons successifs à proximité de l'ennemi et à l'abri de ses vues ?

» Fallait-il, étant donné ce qu'on l'on savait de la situation de l'ennemi et la distance à laquelle on se trouvait de lui, attaquer immédiatement à la baïonnette sans ouvrir le feu ; ou bien fallait-il reconnaître d'abord l'ennemi, ouvrir le feu, puis passer seulement alors à l'attaque à la baïonnette ?

» Quels étaient les meilleurs procédés pour assurer la rapidité de la marche ? Il est, en effet, très important, dans tous les cas, de dérober son mouvement à l'attention de l'ennemi, mais cela ne doit pas nuire à la rapidité des mouvements.

» En méditant sur ces divers points, qui sont les plus importants, on acquerra toutes les connaissances tactiques nécessaires et, dans la pratique, on saura se tirer d'affaire.

» Il résulte aujourd'hui des progrès de l'armement et des conditions du combat moderne que le sort des batailles ne se décide souvent qu'après deux semaines de lutte ou davantage. Souvent, deux lignes d'infanterie adverses ne cessent le combat à la tombée de la nuit que pour le reprendre le lendemain au jour. Dans ces conditions, une infanterie hardie, à la faveur de l'obscurité de la nuit. peut entreprendre résolument une attaque. Solide, soutenue par les échelons en arrière, elle peut écraser rapidement l'ennemi qui lui fait face ; si la première ligne ennemie n'est pas secourue à temps par ses soutiens et ses réserves, elle met ceux-ci en désordre par son propre désordre en se retirant: le gain d'un tel combat peut être immense. Remarquons, en passant, que plus les armes font de progrès et plus les combats de jour deviennent difficiles. Le champ de la tactique devient ainsi de plus en plus vaste. Les officiers d'infanterie doivent travailler s'ils veulent que l'armée reste à hauteur de sa tâche.

» Tout ceci n'est qu'un rapide aperçu des combats de nuit. La conduite à tenir par la défense doit se déduire naturellement de la conduite à tenir par l'attaque.

» Disons maintenant quelques mots de l'emploi du feu et de l'attaque à la baïonnette dans les combats de nuit.

» *a*) Si le combat de jour est resté indécis, mais que l'on soit parvenu à connaître exactement ou à peu près la situation de l'ennemi, il peut souvent être avantageux de se porter sans bruit en avant et d'attaquer de prime abord à la baïonnette sans ouvrir le feu.

» *b*) Si, pour une raison quelconque, on veut exécuter

une attaque de nuit, bien que l'on n'ait pu reconnaître de jour la situation de l'ennemi dont on se trouvait à grande distance, il faut d'abord procéder à cette reconnaissance au moyen de patrouilles suffisamment fortes. Si ce moyen ne suffit pas, la reconnaissance peut être faite par le feu, soit des patrouilles, soit de la troupe d'attaque elle-même. On passera ensuite à l'attaque à la baïonnette.

» *c*) Il se peut que, dans le but d'attaquer au lever du jour, on ait pu s'approcher de l'ennemi à la faveur des dernières heures de nuit. Si, au jour, on reconnaît suffisamment la situation de l'ennemi, il faudra l'attaquer immédiatement à la baïonnette sans ouvrir le feu. Mais, si la reconnaissance a pris trop de temps et que le jour soit complètement venu, et si l'ennemi ouvre le feu, il faut riposter par un feu très violent, de quelques minutes, puis passer à l'attaque à la baïonnette. Dans ce cas, il serait désavantageux de prolonger le feu.

» En somme, dans les combats de nuit, l'emploi du feu est peu avantageux, mais on y est souvent amené par la nécessité de reconnaître la situation de l'ennemi.

» La tactique d'aujourd'hui n'est ni une tactique linéaire, ni une tactique de colonnes, mais une tactique de déploiements rapides en utilisant le terrain. Mais, dans les combats de nuit, où le tir ne joue plus le premier rôle, la tactique en usage redevient la tactique linéaire ou la tactique de colonnes d'autrefois. Par conséquent, il faut, pour les combats de nuit, connaître ces tactiques d'autrefois et les pratiquer sans rien perdre de la rapidité de nos mouvements actuels. »

L'infanterie japonaise aux avant-postes s'acquitte de son devoir d'après les mêmes principes que nous. Elle ne connaît pas de dispositif normal et tient compte, avant tout, des circonstances et du terrain. Les divers éléments sont toujours reliés téléphoniquement dans le sens de la profondeur, en sorte que le commandant des avant-postes est toujours tenu au courant de ce qui se passe dans chaque grand'garde. On s'efforce d'écarter, à l'instruction, de l'esprit du soldat toutes les subtilités de conduite qui pourraient lui obscurcir la notion de ses devoirs comme sentinelle. Une des instructions du général Kurozawa insiste sur ce point dans des termes qu'il me paraît intéressant de reproduire :

« Dans le service des avant-postes, les sentinelles ne semblent pas bien pénétrées de leurs devoirs en cas d'attaque de l'ennemi. Elles doivent se sacrifier pour le salut des troupes en arrière. Si, dans l'instruction du temps de paix, on parle aux soldats d'abandonner leur poste, de se retirer, d'être recueillis par les petits postes en cas d'attaque par l'ennemi, on met en danger leur esprit militaire. Il faut, au contraire, les convaincre qu'ils doivent défendre leur poste jusqu'à la mort; sinon, il se produira de graves défaillances. Les sentinelles ne peuvent se replier en cas d'attaque que dans un terrain entièrement découvert, et de jour, lorsqu'elles sont assurées que le petit poste ne court aucun risque d'être surpris. C'est là un cas exceptionnel. »

Je terminerai enfin cet aperçu des procédés tactiques japonais par quelques mots sur leur alimentation aux manœuvres. Les moyens employés sont extrêmement simples. Il y a dans chaque bataillon un officier-payeur chargé de l'alimentation, qui correspond à peu près au *Zahlmeister* allemand. Cet officier gère, à la caserne, l'ordinaire, toujours conduit par bataillon; il dispose pour cela d'un personnel comprenant un sous-officier, et une dizaine d'hommes. L'alimentation est conduite aux manœuvres d'après les mêmes principes. Des marmites sont portées sur des voitures à bras aux trains régimentaires. L'officier-payeur de chaque bataillon achète les vivres ou les reçoit de l'intendant de la division, fait installer la cuisine d'après les ordres du colonel, assure la préparation des aliments et la distribution aux compagnies. Que celles-ci soient au cantonnement ou au combat, la manière de faire est la même. Même au cours d'opérations de nuit, des aliments chauds, préparés à 1.000 ou 1.500 mètres en arrière des troupes engagées, étaient portés et distribués jusque sur la ligne des tirailleurs. Quant à des cuisines roulantes, ce que j'en ai vu se réduit à ceci : le Japonais, au contraire de nous, mange volontiers froid, mais veut boire chaud. Sa boisson habituelle est le thé. Une voiture-cuisine par bataillon permettant de faire en marche 300 ou 400 litres de thé suffit à ses exigences, et c'est tout ce que j'ai vu en fait de cuisine roulante.

On prévoit, d'ailleurs, que, dans certaines circonstances, le soldat devra préparer sa nourriture lui-même ; aussi est-il pourvu en permanence d'ustensiles de campement individuels.

Je crois, Messieurs, qu'il y a à retirer de tout ceci, sinon des enseignements pratiques, du moins des sujets de méditations assez nombreux.

Je pense d'abord qu'une première remarque s'impose à nous. Les Japonais, admirables au point de vue moral, et dans la manière dont ils traitent les questions de tactique élémentaire de l'infanterie, le paraissent moins dans leur conception générale de la manœuvre ; ils n'ont même pas cherché à faire là œuvre personnelle. Leur méthode ne me paraît susceptible de grands succès qu'en face d'un adversaire inerte, et j'ai été, en fait, très frappé de constater qu'aux manœuvres le parti qui se trouvait sur la défensive était presque toujours entièrement passif. D'autre part, les Japonais semblent, dans leurs manœuvres, exagérer le défaut asiatique, le mépris du temps ; ils le dépensent, je dirai presque ils le gaspillent, sans compter.

La tactique japonaise nous donne l'occasion d'observations intéressantes par la manière dont elle conçoit la marche de l'infanterie dans l'attaque, et l'utilisation de la fortification sur le champ de bataille. Vous l'avez vu, elle n'a pas toujours abouti aux conclusions que nous lui avons prêtées, et que nous avions d'abord adoptées nous-mêmes au lendemain de la guerre de Mandchourie. Elle ne tient pas compte au même degré que nous, des effets destructeurs des armes sur le champ de bataille. La fortification couchée, la marche rampante, et tous les procédés que nous avons réunis sous le nom d'infiltration apparaissent aux Japonais non pas comme la règle, mais comme l'exception.

Le dressage et l'utilisation de la patrouille d'infanterie comme organe d'orientation du commandement me paraît avoir de l'intérêt parce que, comme les Japonais, nous trouverons, quand nous voudrons, dans nos compagnies, des éléments pour bien remplir cette mission qui réclame de l'audace individuelle, de l'intelligence et de l'agilité.

Enfin, Messieurs, je terminerai par deux observations qui me paraissent avoir une plus grande portée, parce qu'elles peuvent contribuer à définir, je crois, le sens dans lequel évolue de nos jours l'art de la guerre.

Tout d'abord, je crois que les procédés de la défensive et de l'offensive, si soigneusement distingués dans nos règlements, et traités depuis toujours dans des chapitres séparés tendent de plus en plus à se confondre. L'assaillant fait tour à tour appel aux uns et aux autres, en sorte que la défensive peut ne plus être considérée que comme un moment de l'attaque. L'idée qu'un ouvrage de fortification est construit dans un but d'occupation prolongée est devenue une idée fausse qu'il faut écarter de l'esprit de nos soldats.

Quant à la deuxième observation, elle me paraît surtout digne d'attirer votre attention ; elle porte sur le développement des liaisons à l'intérieur de l'armée japonaise. Le progrès à la guerre, tel que nous pouvons l'envisager aujourd'hui, doit consister à réaliser des manœuvres de plus en plus grandioses tant par l'étendue des espaces qu'elles domineront que par le nombre d'hommes qu'elles mettront en mouvement. Nous y parviendrons lorsque l'organisation de l'outillage technique nous permettra de remuer nos énormes armées avec la même cohésion, la même rapidité, la même aisance, qu'ont pu le faire Frédéric ou Napoléon, en se servant des moyens que la civilisation de leur temps mettait à leur portée.

Relier étroitement le commandement à toutes les parties de l'armée, de telle manière que l'œil et la pensée du chef soient présents pour ainsi dire à tous les points de la périphérie, c'est là une des conditions indispensables de ce progrès. Nous devons donc travailler dans le même sens que les Japonais à établir des liaisons étroites et sur nos théâtres d'opérations, mieux dotés par la civilisation que celui de Mandchourie, nous pouvons et nous devons les développer plus qu'eux.

Me voici, Messieurs, parvenu au terme du programme que je m'étais proposé de traiter devant vous, et il ne me reste qu'à vous remercier de la bienveillante attention que vous avez bien voulu me prêter.

Paris et Limoges. — Imp. et libr. milit. Henri CHARLES-LAVAUZELLE.

www.ingramcontent.com/pod-product-compliance
Ingram Content Group UK Ltd.
Pitfield, Milton Keynes, MK11 3LW, UK
UKHW020434180726
13839UKWH00003B/1495

9 782329 557632